AF452705

LES REVERIES RENOUVELLÉES DES GRECS,

PARODIE D'IPHIGÉNIE EN TAURIDE.

LES REVERIES RENOUVELLÉES DES GRECS,

PARODIE D'IPHIGENIE EN TAURIDE,

Représentée pour la premiere fois sur le Théâtre des Comédiens Italiens Ordinaires du Roi, Le Samedi 26 Juin 1779.

Prix Vingt-quatre sols.

A PARIS,

De l'Imprimerie de P. DE LORMEL, Imprimeur de l'Académie-Royale de Musique, rue du Foin S. Jacques, a Sainte Genevieve.

M. DCC. LXXIX.

Avec Approbation & Permission.

ACTEURS.

IPHIGÉNIE, *grande Prêtresse de Diane,* — Mme du Gazon.
ORESTE, *frere d'Iphigénie,* — M. Rosiere.
PILADE, *ami d'Oreste,* — M. Trial.
THOAS, *Roi de la Tauride,* — M. Ménier.
UN MINISTRE *du Temple,* — M. Corali.
1ere. PRESTRESSE, — Mme Gontier.
2e. PRESTRESSE, — Mlle Des Brosses.
UN SCYTHE, — M. Gaillard.
Autre SCYTHE, — M. le Clerc.
UNE FURIE, — M. Thomassin.
PRESTRESSES.
EUMÉNIDES & DÉMONS,
SCYTHES.
GARDES & SOLDATS de THOAS.
GRECS de la Suite de PILADE.

La Scéne est en Tauride.

ACTE PREMIER.

Le Théâtre représente un Peristile ouvert de toutes parts. On voit la Mer & le Ciel à travers la Colonade du fond. La Scène commence par une Tempête. On voit dans l'eloignement un Vaisseau battu des Flots, & plus près une petite Chaloupe dans laquelle font ORESTE & PILADE; ces deux objets ne font que traverser le Théâtre.

SCENE PREMIERE.

IPHIGÉNIE & LES PRÊTRESSES.

Les Prêtresses entrent successivement pour se sauver de l'Orage.

Chœur des Prêtresses, tant celles qui arrivent, que celles qu'on ne voit pas encore.

AIR: des Bossus.

IL pleut, il grêle, ah ! grands Dieux quels éclairs !
La foudre éclate, elle embrase les airs.

A iij

LES REVERIES.

DEUX PRÉTRESSES.

Ah ! de frayeur
J'ai le cœur
Tout tranfi.

DEUX AUTRES PRÉTRESSES.

Fuyons, fuyons, mettons-nous à l'abri.

TOUTES LES PRÉTRESSES.

Entrons au Temple, on fera mieux qu'ici.

IPHIGÉNIE.

Non, non j'ai mes raifons pour refter en ces lieux
Laiffez-moi contempler ce funefte rivage,
Cette Mer agitée & ces vents furieux
Du trouble de mes fens repréfentent l'image.
Pendant que l'on verra ce Tableau curieux
Implorez avec moi l'affiftance des Dieux

AIR : *Jufques dans la moindre chofe.*

Jufte Ciel , que ta clémence
Adouciffe nos deftins
Des coupables prens vengeance !
Mais rend nos jours plus fereins.

(Le Chœur repete avec elle ces quatres vers.)

Jufte Ciel , &c.

IPHIGÉNIE.

Vers les Dieux , en affurance ,
Levons nos fanglantes mains ,
Nous vivons dans l'innocence ,
En égorgeant les humains.

(Le Chœur repete encore avec elle ces derniers vers.)

IPHIGÉNIE.

'Ah Dieux ! pourquoi faut-il, barbares que nous
      sommes,
Contre nos intérêts, facrifier les hommes ?
Devois-je me prêter à cette cruauté,
Moi qui de fi bon cœur chéris l'humanité !

PREMIERE PRÉTRESSE.

Il falloit fuppofer dans l'emploi qu'on vous donne
Que vous n'aviez encor facrifié perfonne ;
Peut-on être touché du fort d'une beauté
Qui plonge dans les cœurs fon bras enfanglanté ?
On auroit pu fauver cette image effrayante,
Vous en auriez été bien plus intereffante.

IPHIGÉNIE.

Diane ! devais-tu me tranfporter ainfi
Pour me faire jouer un pareil rôle ici ?
Je n'ai pas le cœur fait pour depeupler le Monde.
Un fonge met le comble à ma douleur profonde.

PREMIERE PRÉTRESSE.

Qu'avez-vous donc rêvé ? cela doit être beau.

IPHIGÉNIE.

Ce que je vous dirais, ne ferait pas nouveau.

SECONDE PRÉTRESSE.

Je crois aux rêves, moi, tous ne font pas menfonges.

IPHIGÉNIE.

Vous trouverez le mien dans l'Almanach des fonges.
Eclairs, mugiffemens, fpectres, pâles flambeaux,
Gemiffemens, terreur, lieux funèbres, tombeaux,
Horreur, bruit fouterrain, la terre qui s'entrouvre,
Un fantôme fortant de l'Enfer qu'on découvre,
Abîme, accents plaintifs, poignards, lambeaux
      fanglants,
Ombre, crime, remords, effroi, genoux tremblants,
Autel, temple, cyprès, coupable encens, Idole

Ou Pere, ou Mere, ou Sœur, ou Frere qu'on immole
Voilà quel est mon songe, & l'on reconnoît là
L'histoire de tous ceux que l'on a faits déjà.

PREMIERE PRÉTRESSE.

Racontez-nous le votre, auguste Iphigénie,
Il nous amusera.

IPHIGÉNIE.
Je céde à votre envie.

AIR : *Nous avons une terrasse.*

J'étais dans mon lit tranquille,
Goûtant le repos,
Dans l'oubli de mes maux ;
Le doux souvenir d'Achile
M'offrait d'agréables tableaux.

AIR : *Ho, ho, ho.*

J'entends marcher à grands pas,
CHŒUR DE PRÉTRESSES.
(*En levant ensemble les bras au Ciel.*)

Ah ! ah !

IPHIGÉNIE.
La frayeur me rend muette ;
Je m'enfonce dans mes draps,

LE CHŒUR, (*Comme ci-dessus.*)

Ah ! ah !

IPHIGÉNIE.
Je sens trembler ma couchette,
Mes rideaux
Du bas en haut se déchirent,
Par les pieds, deux mains me tirent
Plus froides que des carreaux.

LE CHŒUR, (*De même qu'auparavant & plus d'effroi.*

Oh, oh, oh, oh. ...

IPHIGÉNIE.

(*Suite de l'Air : j'étois dans mon lit , &c.*)

J'entends une voix fepulcrale
Qui perce la voute infernale ,
J'entends qu'on m'appelle tout bas.

CHŒUR : (*Fragments d'un autre Air.*

Ah Dieux ! hélas !

IPHIGÉNIE.

(*Majeur de l'Air , J'étois dans mon lit.*)

Au même inftant, quel horrible fracas !
La foudre éclate , elle ébranle la terre ,
Le noir abîme eft ouvert fous mes pas,
Je crois entendre les cris de Cerbére.

De ces lieux fombres ,
Sortent des Ombres.

(*Aux Prêtreffes qui l'approchent de trop près.*)

Mais, mais, ne me ferrez donc pas.

(*Elle continue.*)

Je vois mon pere ,
Je vois ma mere ,
Je vois Mégere ,
Pourfuivre mon frere.

AIR. *Il étoit une fille.*

Je vois un beau jeune homme
Plaintif, chargé de fers ,
Je cours à lui les bras ouverts ;
Hélas ! favez-vous comme
Je fers ce pauvre humain ?
Le poignard à la main.

Hain ?

(Après le songe, les Prêtresses épouvantées se disent l'une à l'autre.)

Fin de l'Air : Hélas ma Sœur, je tremble.
(Dans les Nymphes de Diane.)

Ah ma sœur ?

Ah ma sœur !

Quel songe plein d'horreur !

Je meurs de peur.　　**Bis.**

IPHIGÉNIE.

A I R : *Des trembleurs.*

Quel présage rédoutable !

UNE PRÉTRESSES.

Rien n'est plus épouvantable,
Tuer un jeune homme aimable.

IPHIGÉNIE.

Ah ! ce n'étoit qu'en dormant.

PREMIERE PRÉTRESSE.

Des fens un songe est l'yvresse
En veillant, sage Prétresse,
Votre cœur plein de tendresse
Eut agi differemment.

IPHIGÉNIE.

A I R : *On me disoit souvent qu'an, &c.*

Pressentiment funeste !
Mon pauvre Frere est mort.　　**Bis.**

IPHIGENIE.		*Les PRETRESSES excepté*	
Ce songe me l'ateste ;		*la premiere.*	
Un songe n'a pas tort,		Oreste est mort, Oreste est mort,	
Oreste est mort.	*Bis.*	Pleurés son sort, pleurés son sort,	
Pleurez son sort	*Bis.*	*Premiere PRETRESSE.*	
Ce songe me l'ateste ;		Non la bonté celeste	
Mon pauvre frere est mort,		Prendra soin de son sort ;	
Un songe n'a pas tort,		Souvent un songe a tort.	

TOUTES LES AUTRES PRÉTRESSES.

(Pendant qu'Iphigénie chante les deux derniers vers.)

Le pauvre Oreste est mort,
Plurons, pleurons son sort.

UNE PRÉTRESSE.

Le Roi vient.

IPHIGÉNIE.

Que nous veut le farouche Thoas ?
Dans ses yeux effarés je vois dans l'embarras.

SCENE II.

IPHIGÉNIE, LES PRÉTRESSES, THOAS, SCYTHES.

THOAS.

PARTOUT j'entends gémir ; la frayeur nous
rassemble.
Si je viens vous trouver ; c'est parce que je tremble,
Prêtresse.

IPHIGÉNIE.

A ce mal là vous êtes fort sujet.

THOAS.

Oui, du courroux du Ciel, pourquoi suis-je l'objet ?
Je le sers avec zéle : au gré de ses demandes,
Lorsque des étrangers osent nous approcher,
Je lui fais de leur sang d'agréables offrandes.

IPHIGÉNIE.   (à part.)

Barbare.

THOAS.

Ainsi, les Dieux ont tort de se fàcher.

IPHIGÉNIE.

Mais pourquoi vous livrer à des terreurs si grandes ?

THOAS.

Mes jours sont menacés, un Devin m'a prédit :
Que si des Etrangers, jettés sur nos rivages,
J'en épargnois un seul, j'étois mort.

IPHIGENIE.

(à part.) Pauvre esprit !
Il se moquoit de vous.

THOAS.

Non, j'en crois ces présages,
Et tout avec raison m'inspire de l'effroi,
Dans le fonds de mon cœur...

(*Fragmens d'un air de la Servante Maîtresse.*)

    Certaine voie secrette
      Répéte, répéte,
    Thoas, prends garde à toi,
      Songe à toi.

AIR : *Mes chers amis, pourriez-vous m'enseigner.*

    Au moindre bruit,
    Et le jour & la nuit,
  Mon ame éprouve des secousses ;
    Oh ! je m'y perds...
    Je dors les yeux ouverts,
  Je crois voir l'Enfer à mes trousses
    Ah c'en est trop, ma foi,

A tout moment je croi
Toucher à mon heure derniere,
Ceci paffe le jeu,
Morbleu ;
A t'on bientôt fini,
Jarni,
De me tourmenter de la maniere.

IPHIGÉNIE,   (*Ironiquement.*)

Ah ! les Dieux ont grand tort.

THOAS.

Appaifez leur courroux,
Confervez-moi la vie, ou je m'en prends à vous.

SCENE III.

Les précédens, PEUPLE, UN SCYTHE.

LE SCYTHE, *avec le* PEUPLE.

AU ROI.   AIR : *Allons, gai, rejouiffons-nous.*

ALLONS, gai, réjouiffez - vous,
Tout va bien pour nous.

LE SCYTHE, *feul.*

Deux étrangers par la tempéte
Sont jettés au Port,
Rendez grace au fort,
On les furprend, on les arrête.
Allons, gai, réjouiffons - nous ;
Ah ! pour nous quelle fête !
Allons, gai, réjouiffons - nous,
Et faifons les fous.

TOUT LE CHŒUR.

Allons, gai, réjouiffons - nous , &c.

IPHIGÉNIE.

Quels font ces malheureux ?

LE SCYTHE.

        Deux mauvais garnemens :
L'un d'eux a l'air fournois, l'autre n'aime qu'à
    mordre.
On voit dans fes difcours un efprit en défordre,
Je le crois querelleur ; il fait à tous momens
Aux hommes, comme aux Dieux, de vilains com-
     plimens ;
J'ai remarqué fur-tout qu'au fort de fa colere,
Bien fouvent il s'écrie : *hélas ma chere Mere !*
On dit que les démons fans ceffe autour de lui,
Le frappent de ferpens pour le rendre poli.

IPHIGÉNIE.

Sont-ils jeunes ?

LE SCYTHE.

       Beaucoup.

IPHIGÉNIE.

         Leur mort me defefpere.

THOAS.

Allons, Prêtreffe, allons, il faut nous en défaire
C'eft le plus fur moyen d'eviter le danger.

IPHIGÉNIE.

D'un fi cruel emploi daignés me dégager.
Deux malheureux captifs, feuls, fans fecours fans
    armes,
Peuvent-ils à ce point vous caufer des allarmes ?

THOAS.

Je fuis né défiant ; cependant vous verrez,
Si j'empecherai rien de ce que vous ferez ?
Vous pourez me tromper fans avoir de l'adreffe.
Je ne reparoîtrai que pour finir la Piece :
Retirez - vous.

IPHIGÉNIE.

    Pourquoi.

THOAS.

C'eſt qu'à vous parler net ;
J'ai beſoin de ces lieux pour donner un Ballet.

SCENE IV.

THOAS, LE PEUPLE.

THOAS.

Peuple, amuſez les Dieux par de joyeux hom-
mages,
Exécutez ici la danſe des Sauvages ;
Pour éviter l'ennui de l'uniformité,
Cette fois ſeulement appellons la gayeté,
Et que le *Calinda*, joint *aux Branbranſonettes*,
Témoigne les tranſports de la joie où vous êtes.

DIVERTISSEMENT.

LE SCYTHE à *Thoas*.

AIR : *Ah! il n'eſt point de Fêtes, &c.*

Faudra-t-il danſer ſans femmes ?

THOAS.

Eh bien, faites en venir.

LE SCYTHE.

Venez donc, venez, Meſdames,
Augmenter notre plaiſir ;
Il ſeroit trop malhonnête
De mépriſer vos appas,
Ah !
Il n'eſt point de Fête
Si vous n'en êtes pas.

Le sFemmes arrivent, & l'on danſe.

SCENE V.

Acteurs précédens, ORESTE & PILADE.

LE SCYTHE *à Thoas*.

VOICI ces Etrangers, Seigneur, qu'on vous
amêne.

THOAS.

Je crois m'appercevoir qu'ils ont l'humeur hautaine.

Allemande de Nicolas.

Quel air audacieux ! . . .
A leurs yeux
Je les crois furieux.
Que veniez-vous tous deux
Chercher dans les Etats
De Thoas ?

PILADE.

C'est le secret des Dieux,
Tu ne le sauras pas.

THOAS *à Pilade*.

Quel discours arrogant !
Insolent,
Parlés plus poliment ;
Je donne ici la loi,
Je suis Roi.

PILADE.

Eh bien, tempis pour toi.

THOAS.

Ah ! tremblés malheureux !

PILADE.

Nous bravons le trépas.

THOAS.

THOAS.

En ce cas,
Dès aujourdhui, tous deux,
Vous fauterés le pas.

ORESTE, *bas à Pilade.*

C'eft fort mal t'annoncer ; à ces mots, téméraires,
On te prendroit pour moi, gardons nos caractères.

THOAS.

Leurs regards me font peur, mes fens épouvan-
tés ;
Holà! Gardes, . . . voyez s'ils font bien garottés.

LE SCYTHE.

Oh! je vous en réponds.

THOAS.

Leur préfence me gêne,
Pour m'en débarraffer, qu'au Temple on les en-
traîne.

(*Le Divertiffement continue, & finit par des Couplets
fur l'*Air : r'lan tanplan tirelire.)

AIR : *Eh r'lan tanplan tirelire.*

On va leur percer le flanc,
Eh flin, flan, r'lan tanplan tirelire en plan,
On va leur percer le flanc,
Ah! que nous allons rire.

Ah! que nous allons rire,
R'lan tanplan tirelire,
Que le Ciel fera content,
En plein, plan, r'lan tanplan tirelire en plan,
Que le Ciel fera content,
On fait ce qu'il defire.
On fait ce qu'il defire,
R'lan tanplan tirelire,

B

Pour lui plaire il faut du fang,
En plein plan r'lan tanplan tirelire en plan,
Pour lui plaire il faut du fang.
C'eſt l'encens qu'il reſpire.

C'eſt l'encens qu'il reſpire,
R'lan tanplan tirelire,
Et c'eſt delà que dépend,
En plein, plan, r'lan tanplan tirelire en plan
Et c'eſt delà que dépend
Le ſalut de l'Empire.

Fin du premier Acte.

ACTE SECOND.

Le Théâtre représente un Temple souterrein, qui a l'air d'une Prison; au milieu est un Autel rustique, devant lequel est un Lit de repos.

SCENE PREMIERE.
ORESTE ET PILADE.

ORESTE s'avance tristement; PILADE le suit à une certaine distance, en l'observant avec pitié.

ORESTE à part.

JE deviens furieux, Destin! quand je te nomme.
Tu ne fais qu'un coquin souvent d'un honnête
   homme,
Mon exemple en fournit une affreuse leçon:
Je suis un misérable, & suis né bon garçon;
Je suis doux, & souvent je me mets en colere;
J'adore mes parens, & j'ai battu ma mere.
Je cours les champs, portant dans mon cœur le
   remords,
Et je rencontre un chien enragé qui me mord;
Je le deviens moi-même, & répands l'épouvante.
Pilade, d'une humeur sensible & complaisante,
Veut bien m'aimer malgré ce petit défaut là;
Mais les Destins maudits n'approuvent pas cela:

B ij

Par l'ordre d'Appollon je viens fur ce rivage ;
Je traverfe les mers pour avoir une image ;
Mon ami , fans prévoir l'état où nous voilà ,
Par intérêt pour moi veut être du voyage ,
Il me fuit , nous trouvons la mort en arrivant :
Mon infortune , oh Ciel ! t'amufe trop fouvent.

PILADE.

Toujours trifte & penfif, tu parles fans rien dire.

ORESTE.

C'eft peu que fous mes coups ma chere mere ex-
pire ,
Je t'ai donné la mort.

PILADE.

Mais je me porte bien.

ORESTE.

Mais nous allons mourir.

PILADE.

Tant mieux , ce n'eft qu'un rien ;
Les Dieux appaiferont alors leur barbarie.

AIR : *Monfieur de la Paliffe.*

Tu n'auras plus de remords ,
Ta peine fera finie ;
Sitôt que nous ferons morts ,
Nous ne ferons plus en vie.

Je mourrai près de toi.

ORESTE.

Tu me confoles bien.

PILADE.

AIR : *Je le compare avec Louis.*

Sur les meilleurs de tes amis ,
J'avois toujours la préférence

Dans tous les jeux de ton enfance ;
Pilade étoit toujours admis.
Quand par les goûts on se ressemble ;
Quand par les goûts on se ressemble,
Qu'il est doux, qu'il est doux, de jouer ensemble,
De jouer ensemble.

Second Couplet.

Depuis ce tems tu veux courir,
Je n'ai point cessé de te suivre.
Ah ! lorsqu'ensemble on aime à vivre,
Il ne faut point se désunir.
Mon cher Oreste, que t'en semble ;
Mon cher Oreste, que t'ensemble ;
C'est bien doux, c'est bien doux, de mourir ensemble
De mourir ensemble.

SCENE II.

ORESTE, PILADE, un MINISTRE DU TEMPLE.

LE MINISTRE.

Il faut vous séparer (*à Pilade*), allons, vous,
    suivez-moi ?

ORESTE.

Quel est donc ce faquin pour nous faire la loi ?

LE MINISTRE.

Respectez-moi, je suis le Ministre du Temple.

PILADE.

Tes Prêtresses, Diane, ont donc un Desservant ?

LE MINISTRE.

J'ai ce suprême honneur, mon district est fort
    ample ;

B iij

Mais point tant de propos, allons, marche devant.

ORESTE.

Cher ami, je te perds, qu'enfemble on nous af-
fomme.

PILADE.

C'eft ce que je defire.

LE MINISTRE, *tirant Pilade à part.*

Ecoute - moi jeune homme,
Ton camarade eft fou.

PILADE.

Vraiment je le fais bien.

LE MINISTRE.

Avant de le tuer laiffons-lui faire un fomme,
Oh! nous avons des cœurs pitoyables.

PILADE.

Fort bien,

LE MINISTRE.

Il doit dormir ici ; ce Siége te l'annonce.

ORESTE. (*Toujours plongé dans fa rêverie.*)
Ciel !

PILADE.

A cette raifon, je n'ai pas de réponfe.

LE MINISTRE.

Vous allez vous revoir ; après felon vos vœux,
Vous aurez le plaifir de mourir tous les deux.

PILADE.

(*Au Miniftre.*) Vous êtes obligeant (*à Orefte.*) Adieu,

ORESTE.

Monftres fauvages

SCENE III.

ORESTE *seul.*

IL va mourir pour moi, cruels Antropophages,
Dans le même tombeau puissiez-vous m'engloutir ;
Mais quel calme imprévu.... je me sens assoupir ;
Je ne suis pas le seul.... qui dans son infortune
S'abandonne au sommeil sans espérance, aucune.

AIR : *Dodo, l'enfant do.*

Après m'avoir fait endurer
Tout ce qu'il est de plus funeste,
Les Dieux laissent donc respirer
Le triste & malheureux Oreste :
(*Il baille.*) Ah ! je vois là fort à propos,
Pour dormir un Lit de repos ;
Dormons un moment,
C'est un petit soulagement.

SCENE IV.

ORESTE, LES FURIES.

UNE FURIE.

IL est tems d'approcher, il dort profondement,
Venez, songes d'Athis, venez troupe funeste,
Pour mieux le tourmenter dansez autour d'Oreste ;
Obscurcissez les airs par de noires vapeurs,
Metn veillant ion les horreurs d'un beau rêve.
Thisiphone, Alecto, venez mes cheres sœurs,
Qu'en veillant, ou dormant, il n'ait ni paix ni trêve.

B iv

AIR: *Enfin méchant, te voilà pris.*

(*Ajuſté pour la Scene.*)

Il battu ſa mere.

CHŒUR.

Il a battu ſa mere,
Frappez - lui les flancs
   De vos ſerpens ;
Devant lui grincez les dents.
   Secouez vos,
Secouons nos flambeaux
Par des bonds & des ſauts ;
Des enfers exprimez la colere,
Des enfers exprimons la colere.
   Donnez,
Donnons-lui vingt ſoufflets,   } *bis.*
Autant de camouflets.

ORESTE.

Aye aye.

CHŒUR.

Il a battu ſa mere,
(*Sourdement.*)   Il a battu ſa mere.
(*L'ombre de Clitemneſtre paroît la tête entortillée de chiffons,
& le bras en écharpe.*)

ORESTE.

Un Spectre. . . . Ah ! c'en eſt trop.

CHŒUR.

Il a battu ſa mere.

*Le Spectre s'abyme : Iphigenie en prend la place ; les Dé-
mons & les Furies diſparoiſſent ; le Théatre s'éclaire.*

Secouez vos }
Socouons nos } flambeaux.

SCENE V.

ORESTE, IPHIGENIE, PRÊTRESSES.

ORESTE.

MA mere !

IPHIGENIE.

Vous tremblez en voyant la Prêtreſſe;
Je vais vous immoler, mais avec politeſſe;
Ici les étrangers, dans mes mains, ſont remis,
Et c'eſt moi qui leur fais les honneurs du pays.

ORESTE.

Quels traits, & quel rapport.

IPHIGENIE.

Que l'on ôte ſa chaîne,
Je dois agir ainſi pour que rien ne le gêne.

AIR: *Monſieur Charlot.*

(*à part.*) Du pauvre Oreſte, il retrace l'image.
Il feroît de ſon âge,
Il feroit mon appui.
Son air eſt fier, ſon œil hardi,
Il reſſemble à mon frere,
On diroit que c'eſt lui.

Approchez, qu'êtes-vous, parlez ?

ORESTE.

Que vous importe,
En me faiſant mourir, de ſçavoir qui je ſuis?

IPHIGENIE.

J'ai pour le demander une raiſon très-forte:
Parlez, vous êtes Grec, ſi j'en crois vos habits.

LES RÊVERIES

ORESTE.

Oui, je suis de Mycene.

IPHIGENIE.

Oh ciel! c'est mon pays;
Qu'y dit-on de nouveau? contez-moi des hiftoires:
Agamemnon jouit du fruit de fes victoires?

ORESTE.

AIR: *Dans un détour.*

Agamemnon.

IPHIGENIE.

Vous vous taifez, achevés donc.

ORESTE.

Ciel! Agamemnon.

IPHIGENIE.

Vous frémiffez à ce nom.

ORESTE.

Un perfide affaffin...

IPHIGENIE.

L'horreur glace mes fens;
Quel monftre a fait ce coup?

ORESTE.

Hélas! fa chere femme.

IPHIGENIE.

Clitemneftre!

ORESTE.

Elle-même.

IPHIGENIE.

Ah! vous me percez l'ame.

ORESTE.

On peut quand on eft belle avoir quelques galants;
Mais tuer les Maris; ils font fi bonnes gens.

IPHIGENIE.

Electre ? . . .

ORESTE.

Eft à Mycene à pleurer fa mifere.

IPHIGENIE.

Orefte. . . .

ORESTE.

Orefte . . . O Ciel . . . Quel horrible deftin !
Madame . . . il s'eft conduit fort mal avec fa mere.

IPHIGENIE.

Qu'a-t-il donc fait ?

ORESTE.

Madame . . . . il a vengé fon pere.

IPHIGENIE.

Ce garçon-là doit faire une mauvaife fin :
Que cherche – t – il ?

ORESTE.

La mort... qu'il a trouvée enfin.

IPHIGENIE.

AIR : *Trop de pétulance gâte tout.*

Orefte eft mort, c'eft bien dommage ;
    De cet affreux trépas :
      Hélas !
Mon rêve étoit le sûr préfage.

ORESTE.

Vous faurez . . . .

IPHIGENIE.

       Non, je ne veux pas
Ne me dites rien davantage,
Ce n'eft pas encor le moment :
Je veux réferver l'éclairciffement
Pour le dénouement.   (*bis.*)

(*Les Prétreffes emmenent Orefte.*)

Allez.

✢✢✢✢✢✢✢✢✢✢✢✢✢✢✢✢✢✢✢✢✢✢

SCENE VI.

IPHIGENIE ET UNE PRÊTRESSE.

IPHIGENIE.

ORESTE eſt mort, faiſons ſes funérailles.
Dépêchons.

LA PRETRESSE.

    Calmez-vous, c'eſt prendre mal ſon tems
Ne précipitons rien.

IPHIGENIE.

        Quand on a des entrailles...
Ah !....

LA PRETRESSE.

Eſt-ce une raiſon pour perdre le bon ſens.
Quoi! ſur un ſimple mot qui peut être équivoque,
Sur le rapport d'un fou, la douleur vous ſuffoque.

IPHIGENIE.

Attends, je vais ſauver un de ces malheureux.

LA PRETRESSE.

Je le voudrais envain, le Peuple y met obſtacle,
Il a comme chez nous la fureur du Spectacle,
Voir immoler un homme, eſt un plaiſir pour lui,
C'eſt un amuſement qu'il attend aujourd'hui.

LA PRETRESSE.

Mais....

IPHIGENIE.

    Ne chicanne point ſur mes inconſéquences,
Elles réuſſiront mieux que tu ne le penſes;
Avec ces deux captifs je veux m'entretenir:
Qu'ils viennent.

LA PRETRESSE.

Les voici.

IPHIGENIE.

Je me fens attendrir,

(*Aux Prêtreſſes.*) A préfent laiſſés-nous Prêtreſſes éternelles ;

(*A part.*) Ne puis-je faire un pas, ni dire un mot fans elles.

❦❦❦❦❦❦❦❦❦❦❦❦❦❦❦❦❦❦❦❦❦❦❦❦❦

SCENE VII.

IPHIGENIE, ORESTE, PILADE.

IPHIGENIE.

JE m'intéreſſe à vous.

PILADE.

Hélas! que de bontés.

IPHIGENIE.

Ce n'eſt pas fans raifon.

PILADE.

Ah Prêtreſſe!

IPHIGENIE.

Ecoutés,
Nous fommes tous les trois de la même patrie.

PILADE.

Quoi! des mains d'une Grecque il faut perdre la vie.

IPHIGENIE.

AIR : *Contre un engagement.*

On m'en fait une loi

PILADE.

Ah ! quelle barbarie !

IPHIGENIE.
Mais c'eſt bien malgré moi,
Je vous le certifie.

PILADE.
A votre âge, ma chere,
Quand on fait bien agir,
On ne doit jamais faire
Mourir que de plaifir.

IPHIGENIE.

Je voudrois vous fauver tous les deux ; mais hélas !
Thoas aime le fang : cependant par adreffe
Je pourrai garantir l'un de vous du trépas,
En le faifant partir dès ce jour pour la Grece.

AIR: *Chantons lœtamini.*

ORESTE.

C'eft toi qui partiras ?

PILADE.

Non, c'eft toi qui vivras.

ENSEMBLE.

{ C'eft toi qui partiras ?
{ Non, c'eft toi qui vivras.

IPHIGENIE.

Ne m'interrompez pas.

Suite de l'air.

Pour un fi bon office.

PILADE & ORESTE.

Qu'exigez - vous ?

IRHIGENIE.

Je veux
Qu'il me rende un fervice.

PILADE & ORESTE.

Il fera trop heureux.

ORESTE.

Pour lui j'en fais ferment.

PILADE.

Pour lui j'en fais ferment.

ENSEMBLE.

{ Toux deux également
{ Nous en faifons ferment.

IPHIGENIE.

Je veux à mes parens donner de mes nouvelles,
  (*A Oreste.*)
Qu'une lettre remise entre vos mains fidelles…

ORESTE.

(*Avec étonnement.*)
Qui ?…. Moi.

IPHIGENIE.

    N'en dout ez pas, c'est vous que je choisis.
(*Pilade fait un san t de joie.*)
Vous partirez ce soir pour aller au pays ,
Je vais tout préparer ; mais il faut me permettre
D'aller écrire avant un petit mot de lettre,
Vous serez bien exact à la donner, au moins :
  (*A Pilade.*)
Ensuite, mon enfant, vous aurez tous mes soins.

SCENE VIII.

ORESTE ET PILADE.

PILADE.

AINSI nous voilà donc aux petits soins ensemble.
    ORESTE. (*D'un ton courroucé.*)
M'aimes - tu ?

PILADE.

    Quand tu dis que tu m'aimes, je tremble ;
La Prêtresse au contraire, au lieu de menacer
En m'annonçant la mort, semble me caresser.

ORESTE.

Parle donc : je te trouve un plaisant personnage
De prétendre mourir.

PILADE.

    Ce n'est pas mon usage.

ORESTE.

Je t'ai toujours connu pour un ambitieux.

PILADE.

Je veux rendre en mourant mon nom plus glo-
     rieux ;
Mais je t'aime, & voudrois, s'il étoit bien poffible,
Tout à l'heure, te voir à l'Autel attaché,
Vas, je te céderois ma place à bon marché.

ORESTE.

Tu m'aimes ah ! ? j'en prends tous les Dieux pour
     arbitres ;
Tu veux être immolé, parle, quels font tes titres?
As-tu dix fois par jour le tranfport au cerveau ;
Tout l'Univers pour toi devient-il un tombeau ;
As-tu jamais roffé perfonne dans ta vie ;
Des Spectres viennent-ils te tenir compagnie ;
Es-tu donc comme Orefte, infenfé, forcené ;
Et vois-tu fur tes pas tout l'Enfer déchaîné.

PILADE.

On ne fauroit avoir tous les biens en ce monde.

ORESTE.

Et dis-moi donc fur quoi ta vanité fe fonde,
  (*Avec fureur.*)
Ne fais-tu pas qu'Orefte eft furieux ;
Ne fais-tu pas jufqu'où va fa mifere ;
Ne fais-tu pas qu'il infulte les Dieux ;
Ne fais tu pas qu'il a battu fa mere.
  (*Avec fentiment.*)
Eft-ce à toi de mourir?

PILADE.

     Mot fublime & charmant ;
Qui ne me fera pas changer de fentiment.

ORESTE.

ORESTE.

AIR: *Non, vous ne m'aimez pas,*
Ou, *Oui Monsieur le Bailly.*

La mort qu'on te prépare,
C'eſt à moi qu'on la doit ;
Et tu voudrois barbare
Me faire un paſſe-droit :
Le jour, le jour m'ennuie,
Et tu cours au trépas
Pour me ſauver la vie :
Ah ! tu ne m'aimes pas.

PILADE.

AIR: *Nous nous marirons Dimanche.*
Laiſſe-moi jouïr d'un bonheur ſi doux.

ORESTE.
Ah ! quelle rigueur extrême.

PILADE.
Je t'en conjure à deux genoux.

ORESTE.
Moi d'même.

PILADE.
Je veux mourir,
C'eſt mon plaiſir.

ORESTE.
Moi d'même.

PILADE.
Cede à mes ſoupirs.

ORESTE.
Cede à mes deſirs.

ENSEMBLE, *en s'embraſſant.*
Ah ! mon cher ami que j't'aime.

C

ORESTE, *tenant Pilade embraſſé.*

Tableau touchant & rare..... en ce moment ſi
    tendre ;
Je ſens.... (*Il ſe leve furieux.*) que mon accès
    de rage va me prendre.

PILADE.

Sauve qui peut.

ORESTE

Je vois tout l'Enfer ſous mes pas.

PILADE.

La belle vue !

ORESTE.

Oh Ciel ! je ſens entre mes bras
Un ſerpent vénimeux, qui me pique & me glace ;
Quelle femme, grands Dieux, me fait donc la
    grimace.

PILADE.

Tu lui rends bien.....

ORESTE.

Un Spectre eſt là pour l'appuyer ;
C'eſt Egiſte, c'eſt lui qui lui ſert d'Ecuyer.
Mais.... quel objet hideux m'embarraſſe & m'arrête ;
Il gémit... ah ! qu'il a de cornes à la tête :
Que vois-je, c'eſt mon pere.

PILADE.

Il n'eſt donc pas changé ?

ORESTE.

Dans quel nouveau malheur me trouvai-je plongé ?
Oh déſeſpoir ! je ſuis accablé par Pilade.
Il me fuit.

PILADE.

Point du tout, me voici, camarade.

ORESTE.

Je n'avois qu'un ami, qu'un ſeul,... je l'ai perdu.

PILADE.

Je suis ici.

ORESTE.

Viens donc.

PILADE, *il se rapproche peu à peu.*

Je crains d'être mordu.

AIR: *Je suis Lindor.*

Reviens, mon cher, de ce délire extrême ;
Reprens tes sens, vient tomber dans mes bras.
Quoi, mon ami, tu ne me connois pas ,
Je suis pour toi toujours, toujours ie même.

✳✳✳✳ ✳✳✳✳✳✳ ✳✳✳✳✳✳✳ ✳✳✳✳✳✳✳✳✳✳

SCENE IX.

IPHIGENIE, ORESTE, PILADE.

IPHIGENIE.

PEUT-ON savoir pourquoi vous avez tant crié ?

PILADE.

Madame, ce n'étoit qu'un débat d'amitié.

ORESTE.

Je parlois doucement avec mon camarade.

IPHIGENIE.

Ce commerce du moins ne me paroît pas fade.

ORESTE, *à Pilade.*

Si tu ne cedes pas, je vais tout déclarer,
Et dire qui je suis.... Ecoutés-moi Prêtresse.

PILADE, *à Iphigénie.*

Excusés un esprit trop prompt à s'égarer :
(*A Oreste.*)
Arrête, mon ami, c'est une mal-adresse.

ORESTE, *à Iphigénie.*

Abrégeons les discours , tout net expliquons-
  nous :

Je ne me cha ge pas de porter votre lettre;
Madame, à mon ami vous pouvez la remettre;
Qu'il vive, ou je m'étrangle à l'inftant devant vous;
Décidez, je ne puis fupporter la lumiere.

PILADE.

Cruel !

ORESTE.

Je veux mourir d'une ou d'autre maniere;

IPHIGENIE.

Allons, il feroit mal de difputer des goûts ;
(*A Orefte avec fentiment.*)
Mais pourquoi préférer une mort rigoureufe,
Au foin de me fervir & de me rendre heureufe :
Vous n'êtes point galant, & c'eft me faire tort.

ORESTE.

Je ne le fus jamais.

IPHIGENIE, *d'un ton décidé.*

Il mérite la mort;
Je ne puis y penfer fans en être faifie ;

(*Avec attendriffement.*)

Vous.... ne fentez-vous pas un peu de jaloufie ?
(*A Pilade.*)

PILADE, *d'un ton réfigné.*

Non....

IPHIGENIE, *à Orefte.*

Pour payer l'honneur qu'il vous daigne céder;
Dites-lui, s'il fe peut, adieu fans le gronder.

ORESTE, *à Pilade.*

Adieu, mon cher ami, pardonne mes reproches,
Fais bien mes complimens à ma petite fœur;
Et pour la confoler, apprends lui mon bonheur.

PILADE *bas à Oreste.*

Je n'aurai pas toujours mes deux mains dans mes
    poches ;
Laisse-moi faire, . . . va . . . je te délivrerai :
   (*à part*)
Je ne fais pas pourtant comment je m'y prendrai.

SCENE X.

IPHIGÉNIE, PILADE.

IPHIGÉNIE.

POUR fortir de ces lieux, il ne faut pas attendre,
Electre est la personne à qui vous devez rendre
Ce billet important.

PILADE.

        Par quel hasard heureux,
La connoissez-vous donc ?

IPHIGÉNIE.

        Vous êtes curieux !

PILADE.

Je ne sai pas pourquoi vous faites ce mystere.

IPHIGÉNIE.

Je n'en sai rien non plus Il faut me satisfaire ;
Un galant homme doit tenir ce qu'il promet ;
Partez. (*en donnant le billet.*)

PILADE.

J'obéirai, si le Ciel le permet.

              C iij

A I R : *Pour voir comment ç'a fra.*

Tirons Oreste d'embarras,
Mais le pourrai - je sans miracle ;
Je ne sais où porter mes pas,
Je vois obstacle sur obstacle ;
Mais le hasard y pourvoira :
Voyons toujours comment ç'a fra.

Fin du Second Acte.

ACTE TROISIEME.

SCENE PREMIERE.

IPHIGÉNIE, *seule.*

A i r : *Il étoit un Moine blanc.*

JE paſſe en ces triſtes lieux
Les jours les plus ennuyeux,
Et j'y fais tout le contraire,
De ce que je voudrois faire.

SCENE II.

IPHIGÉNIE.

Les PRETRESSES *qui ammenent* ORESTE.

CHŒUR des PRETRESSES.

Air DE Jephté : *Nous vivons dans l'innocence.*

O Diane, ſois propice ;
Mets un terme à tes rigueurs ;
Nous t'offrons en ſacrifice
Ce jeune homme avec nos pleurs ;
Mais ſi tu veux qu'il périſſe,
Le ſupplice eſt pour nos cœurs.

A i r : *La mort de mon cher pere.*
Mon petit miniſtere
Vous fera du chagrin ;

C iv

Je crains de vous déplaire,
En vous perçant le sein.
Ah ! si j'étais maîtresse
Des climats où je suis,
Les gens de votre espéce
N'y seraient pas détruits.

  A I R : *Un mouvement de curiosité.*

De vous sauver, j'aurais beaucoup d'envie,
Si ce bienfait pouvait se pardonner ;
Tuer un homme ; ah ! quelle barbarie,
A cet emploi , pourquoi me destiner ,
C'est mon devoir d'ôter ici la vie,
Il me serait plus doux de la donner.

O R E S T E.

 A I R : *Je sens un certain je ne sais quoi.*

Eh ! tuez-moi sans compliment.

I P H I G É N I E.

Votre sort m'intéresse.

O R E S T E.

Mais d'où vous vient ce sentiment.

I P H I G É N I E.

Je plains votre jeunesse.

O R E S T E.

A ce discours plein de tendresse ,
Mon cœur se trouble malgré moi.

I P H I G É N I E.

Je sens un certain je ne sais qu'est - ce.

O R E S T E.

J'éprouve un certain je ne sais quoi.

IPHIGENIE.
AIR: *La Colombe qui succombe.*
Oui, votre mort me désole.

ORESTE.
Vous soulagez mon tourment,
Votre pitié me console,
Et j'en mourrai plus gaiement.

LA PREMIERE PRETRESSE.
Madame, il faut songer à la Cérémonie.

IPHIGENIE
Nous attendons ici le Peuple avec Thoas.

LA PRETRESSE.
Thoas est paresseux, il ne se presse pas.

ORESTE.
Vous me faites languir.

LA PRETRESSE.
Ce jeune homme s'ennuie.

IPHIGENIE.
Hé bien puisqu'il le faut, qu'on le mene à l'Autel.

ORESTE.
Ah! je respire enfin.

IPHIGENIE.
Ah! quel moment cruel.

CŒUR DES PRETRESSES.
AIR: *je ferai mon devoir.*
Remplissez votre auguste emploi.

IPHIGENIE.
Quelle barbare loi!
Quelle barbare loi
O Dieux! donnez-m'en le pouvoir.

CHŒUR.
Faites votre devoir;
Faites votre devoir.

Une Prêtresse présente à Iphigénie le Couteau sacré.

IPHIGÉNIE.

AIR de M. Piccini. *Un matin brusquement.*

Avançons... je ne puis,

(*à la Prêtresse*)

Viens que sur toi je m'appuye,
Je ne sais où j'en suis ; ...
Soutiens mon bras & me conduis.

ORESTE

Hâtez - vous de m'ôter la vie.

IPHIGÉNIE.

Tu le veux... hé bien tu mourras.

ORESTE.

Dans Aulide, en même cas,
Périt ma sœur Iphigénie,
A ma sœur, je vais hélas !
Me réunir par le trépas,
Me réunir par le trépas.

AIR : *Des Pendus.*

IPHIGÉNIE.

Ah juste ciel ! qu'ai - je entendu !

ORESTE.

Quoi votre bras est suspendu.

IPHIGÉNIE.

Par hasard seriez - vous Oreste !

ORESTE

Eh morbleu je le suis de reste.
Frappez.

IPHIGÉNIE.

En aurois - je le cœur.
Mon frere, reconnois ta sœur.

ORESTE.

Ma sœur !

IPHIGÉNIE.

Eh oui ta sœur, elle te tend les bras.
Je suis Iphigénie.

ORESTE.

Un peu de patience ;
Il ne faut pas brusquer une reconnoissance.
Vous Iphigénie ?

IPHIGÉNIE.

Oui.

ORESTE.

Cela ne se peut pas.

AIR : *Un jour sur la fougere.*

On sait qu'un sacrifice
A terminé ses jours.

IPHIGÉNIE.

Diane fut propice,
Et vint à son secours.

ORESTE.

Mon ame désolée
Gémit de son trépas ;
La pauvre enfant fut immolée.

IPHIGÉNIE.

La pauvre enfant n'en mourût pas.

AIR : *Allons la voir à Saint-Cloud.*

Mais je dois douter aussi
Que vous soyez bien mon frere,
Que ce fait soit éclairci.

ORESTE.

Oh ! c'est ce que je vais faire.

IPHIGÉNIE.

Vous m'avez dit qu'il étoit mort.

ORESTE.

Madame je n'avois pas tort,

Ce n'étoit qu'une adresse ,
Pour faire durer la Piéce.

AIR. QUATUOR *des Troqueurs.*

ORESTE & IPHIGENIE.

Ah ! c'est donc toi
Que je revois ,
Pour nous
Ce moment est bien doux ;
Ma chere Sœur, } embrassons-nous.
Mon cher Oreste, }

IPHIGENIE.

Eh quoi ! c'est toi !

ORESTE.

Moi , moi ,

IPHIGENIE *aux* PRETRESSES.

C'est votre Roi ,

LES PRETRESSES.

C'est notre Roi.

ORESTE.

Moi , moi !

LES PRETRESSES.
Lui ,
Oui.

ORESTE.

Moi , moi !

IPHIGENIE & *Tous ensemble.*

C'est notre } appui,
C'est votre }

C'est notre } Roi.
C'est votre }

Ce moment pour nous
Est bien doux.

Mon cher Oreste , }
Ma chere sœur , } embrassons-nous
Mes cheres Sœurs, }

*A la fin de ce Quatuor, toutes les Prêtresses s'em-
brassent à l'imitation d'Oreste & d'Iphigénie.*

LA DEUXIEME PRETRESSE.

'Ah ! Madame, tremblez, la mêche eſt découverte ;
Thoas des deux Captifs avait juré la perte ;
Il ſait que par vos ſoins l'un d'eux s'eſt échappé ;
Il écume de rage & de terreur frappé,
Il vient pour vous punir de la ſupercherie.

IPHIGÉNIE.

Je l'attends de pied ferme.

LA PRETRESSE

Evitez ſa furie.

LE CHŒUR chante.

O Ciel, Grands Dieux, hélas !

IPHIGÉNIE *l'interrompant.*

Eh ! ceſſez vos hélas.

De vos triſtes accens, j'admire l'harmonie ;
Mais on laſſe à la fin par la Monotonie. *
Qu'on dérobe mon frere aux regards de Thoas ;
Caché derriere vous, qu'il ne ſe montre pas.

✠✠✠✠✠✠✠✠✠✠✠✠✠✠✠✠✠✠✠✠✠✠✠✠

SCENE III.

Les précédens, THOAS.

THOAS.

AH ! ah ! vous voilà donc, Prêtreſſe dégourdie ;
Vraiment votre conduite eſt tout - à - fait jolie.

AIR : *Sur le Pont d'Avignon.*

Aulieu de les tuer, vous conſervez les hommes.

IPHIGÉNIE.

Hélas dans mon pays , voilà comme nous ſommes !

THOAS.

De tout votre manege, on m'a fort bien inſtruit ;
Je ſais qu'un des Captifs s'eſt échappé ſans bruit.

------

* Le mot de Monotonie, ne tombe que ſur la ſituation des
Prêtreſſes qui eſt toujours la même.

IPHIGÉNIE.

Tu pouvois l'empêcher ; mais chez toi tu demeure ;
Pourquoi faire, dis-moi ?

THOAS.

J'ai dormis vingt-quatre heures :
Mais que l'autre étranger périffe fans tarder ,
Ou moi-même à l'inftant je vais te poignarder.

ORESTE *perçant la foule des Prêtreffes.*

Poignarder ? qui , ma fœur !

IPHIGÉNIE.

Apprens qu'il eft mon frere.

THOAS.

Et quand cela feroit, il ne m'importe guere ;
Frappe, ou je vais.

IPHIGÉNIE.

O Ciel ! qu'ofe-tu commander !

ORESTE.

Tu n'es qu'un plat Tytan, dont la fureur oifive
Joint à l'emportement une action tardive :
Tu menace toujours fans rien effectuer :
Dis , pourquoi reviens-tu ?

IPHIGÉNIE.

Pour fe faire tuer.

THOAS.

Madame doucement, cela vous plaît à dire ;
Je crois qu'à mes dépens tous deux vous voulez rire ;
Gardes, délivrez-moi de ces audacieux.

IPHIGÉNIE.

Au premier qui viendra j'arracherai les yeux.

THOAS.

Lâches, vous avez peur.

UN SCYTHE.

Nous refpectons les Dames,
Et ce n'eft pas ainfi qu'on attaque des femmes.

SCENE IV.

Les Précédents, UN SCYTHE.

LE SCYTHE.

LE Temple se remplit de farouches Soldats ;
Sçavez vous, s'il se peut, Seigneur, de la bagarre.

THOAS.

D'où diable viennent-ils ?

LE SCYTHE.

On ne le conçoit pas.

THOAS.

Vous n'en mourrez pas moins tous les deux.

SCENE V.

Les Précédents, PILADE.

PILADE, *perçant la foule des Prêtresses.*

GARE, gare,
C'est à toi de mourir.

THOAS.

A moi mes gens, à moi ;
A l'aide, mes amis, défendez votre Roi.

PILADE.

Ne crois pas échapper, ton espérance est vaine.

IPHIGENIE.

Ah ne le tuez point, il n'en vaut pas la peine.

T H O A S.

Meffieurs, entendons - nous, on peut être d'accord;
Enfanglanter la Scene ... ah c'eft un peu trop fort:
Que veut - on ?

P I L A D E.

De Diane emporter la ftatue.

T H O A S.

Eh bien foit ; pour cela faut - il que l'on me tué.

O R E S T E.

Nous voulons enlever les Prêtreffes d'ici.

T H O A S.

Ah parbleu j'en fuis las, emportez - les auffi.

I P H I G É N I E.

Et qu'on n'ait plus, chez toi, d'affez vilaines ames,
Pour y faire périr les hommes par les femmes.

T H O A S.

Mais je n'ofe abolir un culte fi facré ;
Les Dieux fe fâcheroient, & je crains leur rancune.

I P H I G É N I E.

Pour te faire favoir que c'eft contre leur gré,
Diane tout exprès va tomber de la Lune.

T H O A S.

A i r : *Allez-vous en, gens de la Nôce.*

Epargnons les frais du voyage
A cette augufte Déité ;
Ne voulez - vous rien d'avantage.

O R E S T E , P I L A D E & I P H I G É N I E.

Non.

T H O A S.

Je confens donc au traité
Après cette belle équipée ;
Serons - nous tranquilles chez nous ?

ORESTE.

ORESTE, PILADE, IPHIGÉNIE.
Oui.

THOAS.

Partez donc, embarquez - vous
Avec votre digne Poupée ?
Allez - vous en chacun chez vous ?   (*Il fort.*

SCENE VI.

IPHIGÉNIE, ORESTE, PILADE,

Troupe   des Grecs.

PILADE.

ICI fort à propos je me fuis préfenté ;
A préfent, mon ami, comment va ta fanté.

ORESTE.

Je me trouve moins fou, ma tête fe nettoie ;
Nous n'exciterons plus que des larmes de joie ;
Je vais ceffer enfin d'être un objet d'effroi ,
Et les diables, je penfe, ont pris congé de moi.
Prends part à mon bonheur, embraffe Iphigénie.

PILADE.

Comment, c'eft-là ta Sœur ? elle eft encor jolie ;
Et faite pour l'amour.

ORESTE.

                    Ce mot eft déplacé ;
Ici perfonne encor ne l'avoit prononcé.

AIR : *Sans un petit brin d'Amour.*

Sans un petit brin d'amour,
Finit la Tragédie.

                                        D

IPHIGÉNIE.

Ah quand à moi je suis pour
Un petit brin d'amour.

ORESTE *à Pilade.*

Eh bien, mon cher, épouse Iphigénie.

PILADE.

J'en suis d'accord.

IPHIGÉNIE.

Je le veux bien,
L'amour convient dans une Parodie.

PILADE, *suite de l'Air.*

Reçois mon cœur.

IPHIGÉNIE.

Reçois le mien.

CHŒUR.

Sans un petit brin d'amour,
Finit la Tragédie.

IPHIGÉNIE & PILADE.

Mais quand à moi je suis pour
Un petit brin d'amour.

TOUS TROIS ENSEMBLE,

Sans un petit brin d'amour,
Finit la Tragédie ;
Mais ici nous sommes pour
Un petit brin d'amour.

ORESTE & PILADE.

Rien n'est plus rare en ce jour,
Qu'une amitié fidele.

IPHIGÉNIE.

Rien n'est moins rare en ce jour
Qu'un petit brin d'amour.

ORESTE & PILADE.

Des vrais amis nous sommes le modele.

IPHIGÉNIE.

Aux vrais amis, on ne croit plus ;
L'amour, l'amour est chose plus réelle,
Par-tout ses droits sont reconnus.

ENSEMBLE.

Rien n'est plus rare, &c.

IPHIGÉNIE.

Pour vous, Messieurs, en ce jour,
Nous rédoublons de zele ;
Marquez - nous à votre tour
Un petit brin d'amour ;
Daignez sourire à notre bagatelle,
Sans prendre garde à ses défauts :
Souvent un rien prouve une ardeur nouvelle,
Et des désirs toujours égaux.

ENSEMBLE.

Pour vous, Messieurs, &c.

FIN.

APPROBATION.

J'Ai lu par ordre de Monseigneur le Garde des Sceaux, LES REVERIES DES GRECS, *Parodie d'IPHIGENIE EN TAURIDE*, en trois Actes. A Paris, ce 20 Octobre 1779.

SUARD.